Burckhard Garbe
Sylvia Klimek

Frau MILCH wird sauer

Otto Maier Verlag
Ravensburg

Heute kommt Fräulein Honig etwas später zum Frühstück.
Die ganze Gesellschaft hat schon auf Sie gewartet:

Die weiche Frau MILCH,

der stark duftende Herr Kaffee,

Fräulein Tasse, immer sehr auffallend angemalt,

Frau Schmalz, die bei jeder Gelegenheit weich wird,

die Zwillingsbrüder Ei, die meist einen angeschlagenen EINDRUCK machen,

Fräulein Salami (in viel zu enger Pelle)
Fräulein Kartoffel
mit den lustigen Augen und natürlich
die leckeren Herren Sirup,
Himbeergelee und
Marmelade.
Und Herr KÄSE.
Und Herr BROT.
„Hier bin ich!" ruft Fräulein Honig
hell. „Ich habe die ganze Nacht
gelegen, da mußte ich mich
beim Aufstehen erst langsam
wieder sammeln", erklärt sie.
Wie süß sie aussieht!
Einfach goldig!
Alle starren sie an.

Kein Wunder bei ihrer
durchsichtigen
Verpackung.
"Darf ich Dich nachher nach Hause begleiten, Hanni?"
fragt Herr
Sirup
klebrig.
Was Fräulein
Honig
nicht hören will, hört sie nicht.
Sirup ist zäh.
Er ???
fragt sie noch einmal. Da gibt
Hanni Honig
ihm EIN
DECKEL:
auf den
sie schaut ihn langsam, ganz langsam von oben bis unten an.

Das mag Sirup nicht, er fühlt
sich durchschaut.
Siggi Sirup blickt düster.
Oder möchtest Du lieber mit mir...?
probiert
tiefrot
Herr Himbeergelee,
natürlich fruchtlos.
Nun schiebt sich Herr
Marmelade an sie heran
Stück für Stück.
Bis er Fräulein Honig berührt.

Da klebt sie ihm eine.
Das war ein Fehler,
denn nun
hängen sie
aneinander fest.
Hanni Honig
schleudert
wütende
gegen ihn
Blicke
Wassili Wasser,
sonst still und recht farblos,
sprudelt hervor:
"Ich komme!"
und löst die beiden voneinander.

Hanni Honig
ist wieder frei,
blüht geradezu auf und
summt sich eins

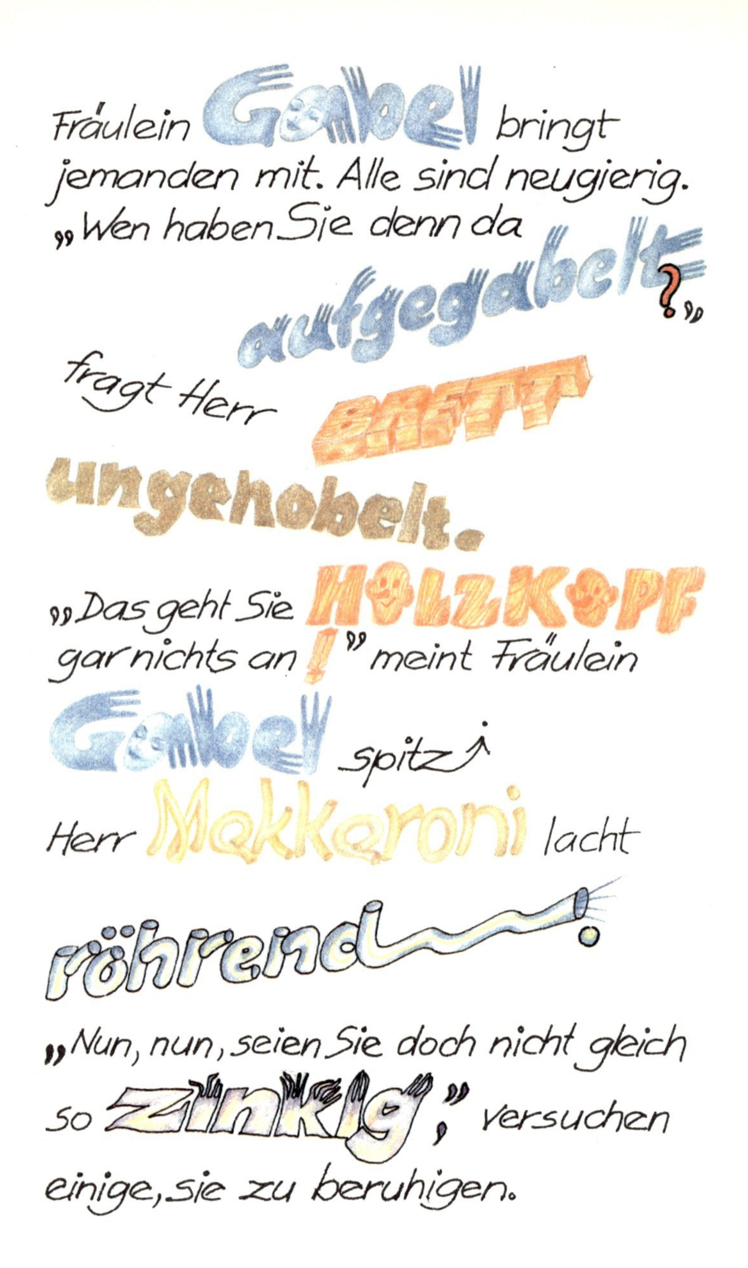
Fräulein Gabel bringt
jemanden mit. Alle sind neugierig.
„Wen haben Sie denn da
aufgegabelt?"
fragt Herr Brett
ungehobelt.
„Das geht Sie Holzkopf
gar nichts an!" meint Fräulein
Gabel spitz!
Herr Makkaroni lacht
röhrend!
„Nun, nun, seien Sie doch nicht gleich
so zinkig," versuchen
einige, sie zu beruhigen.

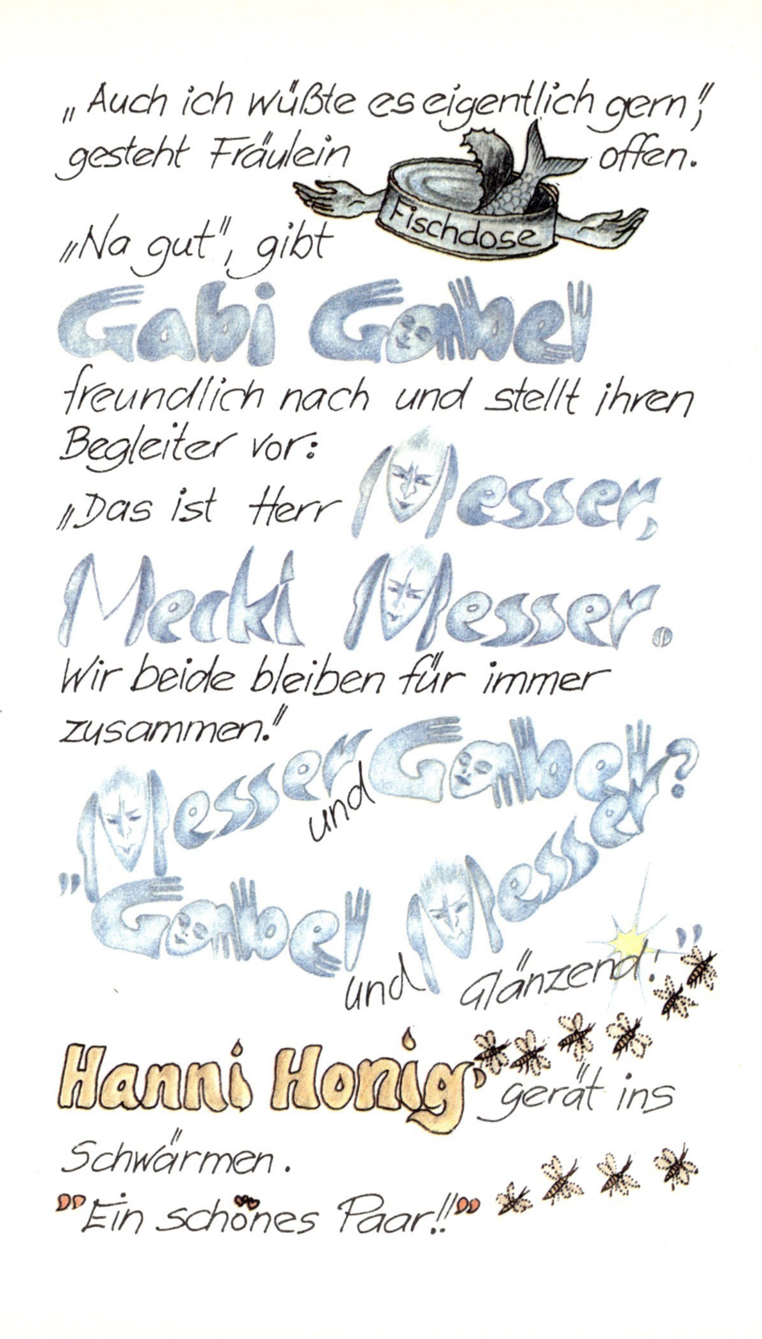
„Auch ich wüßte es eigentlich gern",
gesteht Fräulein
Fischdose
offen.
„Na gut", gibt
Gabi Gabel
freundlich nach und stellt ihren
Begleiter vor:
„Das ist Herr Messer,
Mecki Messer.
Wir beide bleiben für immer
zusammen."
Messer und Gabel?
„Gabel
Messer"
und glänzend!
Hanni Honig gerät ins
Schwärmen.
„Ein schönes Paar!"

Das ist Herrn Kaffee denn doch zu stark.
Er ärgert sich schwarz.

„Ist das nicht auch nach Ihrem Geschmack?" wird er gefragt.
„Nicht die Bohne!"

Herr Kaffee wird hitzig.
„Er paßt nicht zu ihr, das ist es, was mir nicht schmeckt!"

Herr Messer fährt schneidend dazwischen:
„Alles kalter Kaffee!
Sie regen mich auf. Am besten ist, sie verduften!!"
„Ich bleibe", verkündet Herr Kaffee ungerührt.
„Schärfen Sie sich das ein, Messer!"

Nun reden alle auf einmal.

Die Meinungen über Herrn
Messer klingen meist
nicht sehr freundlich:

„Ein kalter Typ...“

„Mit allen Wassern gewaschen...“

„Stahlhart...“ „Und aalglatt...“

„Immer völlig blank...“

„Hat einen breiten Rücken...“

„Aber: Er zeigt viel Schneid...“

„Und immerhin:
geschliffenes Betragen...“

„Wichtig ist: Er hat Stiel,“ lobt
Frau Löffel.

„Stiel muß man haben!“
Sofort kriegt Fräulein
Kartoffel Stielaugen.

„Und: Er führt eine scharfe
Klinge,“ weiß Herr Pfeffer.

„Ich mag Herrn Messer nicht!",

gibt Fräulein Salami
dünnhäutig zu, „der schneidet
immer so auf."

Gurg Gurke lächelt
süßsauer.

„Schn eiden tut weh", bemerkt

Herr Schinken roh.

„Hack doch nicht alle auf

Herrn Messer ein!
Mir steht das bis hier!", sagt
Fräulein voll Mitleid.

„Halten Sie doch Ihren Rand!"
heißt es entrüstet.
„Sie haben wohl nicht mehr alle
im Schrank, Sie trübe Tasse?!"

So etwas geht bei ihr durchs
Henkelrohr hindurch einfach am
Kopf vorbei.

Tussi
läßt ihr GOLD blitzen, malt
ihre Farben nach und blickt
geradeaus ins Leere.
„Ich sehe: Hier sind wir
unerwünscht", schließt

Mecki Messer
Gabi
scharf: „Komm, Gabi!
Wir wollten doch zu Herrn"

„Jedenfalls sind Sie ein ganz
dummes Besteck!" ruft Caro
Kaffee abgebrüht hinterher.

Lilo Löffel, um sie zu trösten, geht den beiden nach:
„Ich sei, gewährt mir die Bitte, in Eurem Besteck: die Dritte!"

Herr BROT kommt herein,
beneidenswert braun.
Ein knuspriger Mann.

Frau BRÜHE wird es ganz heiß.
Klar, daß sie ihm schöne Augen
macht.
Auch Frau Schmalz
wirft ihm
schmelzende Blicke zu.

BROT meint trocken:
"Ich stehe auf
BUSI BUTTER."

Trotzdem: Frau Schmalz
wird weich.

Herr BROT bleibt hart.

Da rückt ihm Frau Schmalz
zu Laibe. Sofort eilt auch
Herr Messer schneidig
herbei: immer zu Streichen
aufgelegt.
„Vorsicht!" mahnt Fräulein SCHNITTE
dünn.

„Sie wollen mich schmieren",
weiß BROT
und
verkrümelt... sich...

Frau Schmalz schmilzt
vor Kummer dahin...

Auch Frau BRÜHE s Augen
verschwimmen.

Nur
Mecki Messer
steht noch da, griffbereit,
aber vergebens.

Da setzt er sich,
begreiflich enttäuscht, auf sein
Bänkchen und wartet,
scharf wie immer,

auf Lilo Löffel mit den
schönen RUNDUNGEN und auf

die SPITZE Gabi Gabel

Alle finden KÄSAR KÄSE aufdringlich. Er löchert sie mit unangenehmen Fragen. Das stinkt ihnen!
Deshalb können sie ihn nicht mehr riechen.

KÄSE bemerkt zu Frau MILCH: „Sie sehen aber heute bleich aus! Fehlt Ihnen was?"
MIMI MILCH, schnell in Hitze, kocht über:
„Jedenfalls sehe ich nicht so käsig aus wie Sie!"
KÄSE bleibt unberührt.
Aber Frau MILCH kann es nicht verbergen: Sie ist vor Schreck noch weißer geworden.

„Schluß mit dem KÄSE!"
ruft Pepe Pfeffer scharf.
KÄSE stänkert weiter.
„Auch waren Sie früher doch nicht so
MAGER?"
Da wird Frau MILCH sauer
und haut ab.
KÄSAR KÄSE reicht es
noch nicht.
„Auch Sie sind heut' so verändert!"
wendet er sich nun an
Frau Sahne.
„Hat Sie jemand geschlagen?"
Susi Sahne wird
steif und stockt.
KÄSE bohrt weiter:
„Schlägt Sie Herr Schneebesen
vielleicht immer noch?"

„Wer weiß, wer weiß?!" äußert
Herr MEHL fein,
macht sich aber dann aus dem
Staube.

Schneebesen schweigt.
Susi Sahne sinkt in
sich zusammen.
Alle schimpfen auf KÄSE.
Nur
Mecki Messer
gefällt seine Frechheit.
Jeder, der das nicht fertigbrächt,
meint er, solle sich davon eine
Scheibe abschneiden.
KÄSE, nicht gerade der hellste,
versteht's falsch und läuft davon.

Darüber freuen sich alle und lachen und singen.
Und tanzen:

Erst Hanni Honig mit Susi Butter,

Carlo Kaffee mit Frau Sahne.

sie tanzen eng aneinander:

Honig-Butter,

Kaffee Sahne,

die Herren und mit Lilo Löffel:

er-Löffel,

der scharfe Pepe Pfeffer
mit Fräulein Salami:
Pfeffer-Salami,
Frau Brühe mit Fräulein Kartoffel
und der klebrige Siggi Sirup
mit Fräulein Schnitte:
Brüh Kartoffel und Sirup Schnitte.
Und dazu gibt es Musik:
Schneebesen-Wasser-Musik.

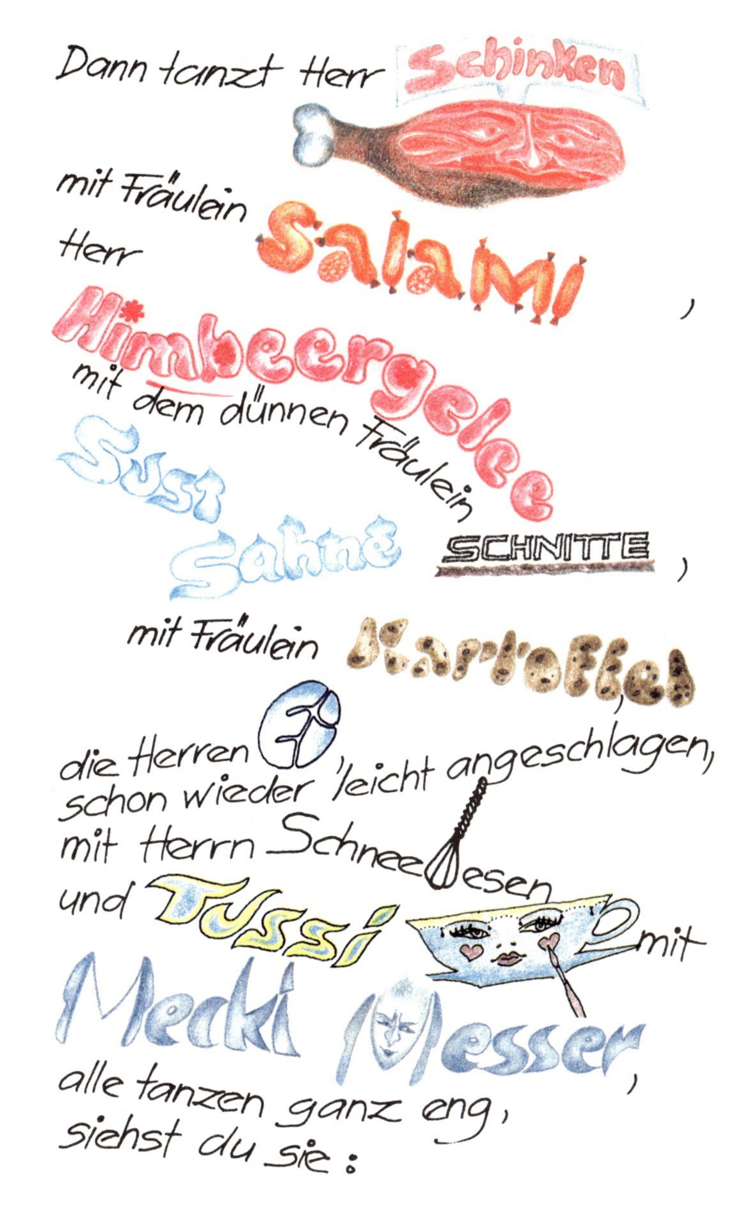

Dann tanzt Herr Schinken
mit Fräulein Salami,
Herr Himbeergelee
mit dem dünnen Fräulein
Susi Sahne SCHNITTE,
mit Fräulein Kartoffel,
die Herren Ei, leicht angeschlagen,
schon wieder
mit Herrn Schneebesen
und Tussi mit
Mecki Messer,
alle tanzen ganz eng,
siehst du sie:

Schinken
Salami,
Sahne-
gelee
SCHNITTE,
Kartoffel,
Eier-Schnee,
Messer?
Und
dazu und dazwischen singt ein Trio:
das
Honig-
Marmelade
Sirup-
Trio.
ohne-Schmalz-
Und schließlich tanzen sie wild
durcheinander und drehen sich,
drehen sich schnell umeinander:
Honig
GURKEN,
GURKE
Honig
Honig
GURKE,

Pfeffer Sirup Sirup
Pfeffer Sirup Pfeffer
Kaffee
Gabel Gabel Kaffee
Kaffee Gabel
Gabel,
Marmeladen
Makkaroni
Makkaroni
Marmelade
Marmeladen
Makkaroni,

und noch viel schneller :

Löffel
Löffel
Löffel
Brett
Brett
Fischdose
Fischdose
Wasser
Brüh
Brüh
Wasser
Brühe
und so weiter und so weiter und so weiter,
Und dazu und dazwischen und danach tanzt ein wildes Ballett: das
„Salami"-
„Kartoffel"-
„Sahne"-Ballett.

Und das dröhnt
und scheppert und wackelt
und kitzelt
den
guten
alten
FRÜHSTÜCKSTISCH
so sehr,
daß er zittert,
daß er lacht,
daß er sich biegt vor Lachen
und sich
biegt und biegt, bis die ganze Frühstücksgesellschaft
am Boden liegt.

So findet sie dann die Hausfrau,
als sie aus dem
Keller zurückkehrt, und wundert sich:
Der rohe Schinken liegt auf dem
Rest Makkaroni,
das scharfe Messer
steckt in der Kartoffel,
die plötzlich Augen getrieben hat,
die Gläser Sirup,
Himbeergelee
und
Marmelade
sind zerbrochen und ihre leckeren
Inhalte zusammengeflossen,

daneben klebt das Stück BUTTER
und die SCHNITTE
und das grobe Holz-BRETT
sind daraufgefallen, der Schneebesen
steckt in Eigelb und Eierschnee,
das durchsichtige
Glas Honig ist auf den großen,
runden Löffel gefallen und
heil geblieben,
der Kaffee hat sich in die Sahne
ergossen.

Unbegreiflich aber ist es
der Frau des Hauses und später

auch ihrem Mann, wo eigentlich

die MILCH,

das BROT,

der KÄSE,

das Schmalz und

das MEHL geblieben sind.

Wißt ihr's?